Los veterinarios

Quinn M. Arnold

semillas del saber

CREATIVE EDUCATION
CREATIVE PAPERBACKS

Publicado por Creative Education y Creative Paperbacks
P.O. Box 227, Mankato, Minnesota 56002
Creative Education y Creative Paperbacks son marcas editoriales de The Creative Company
www.thecreativecompany.us

Diseño de Ellen Huber; producción de Christine Vanderbeek
Dirección de arte de Rita Marshall
Traducción de Victory Productions, www.victoryprd.com
Impreso en los Estados Unidos de América

Fotografías de Alamy (Olaf Doering, Zoonar GmbH), Shutterstock (135pixels, Ermolaev Alexander, Bonnie Taylor Barry, Brocreative, Javier Brosch, Chaikom, didesign021, Jenoche, kurhan, Lubava, Dmitri Ma, Svetlana Mihailova, nimon, Tyler Olson, Praisaeng, Susan Schmitz, Syda Productions, Vgstockstudio, Ivonne Wierink)

Información del Catálogo de publicaciones de la Biblioteca del Congreso is available under PCN 2017935652.
ISBN 978-1-60818-932-8 (library binding)

TABLA DE CONTENIDO

¡Hola, veterinarios!

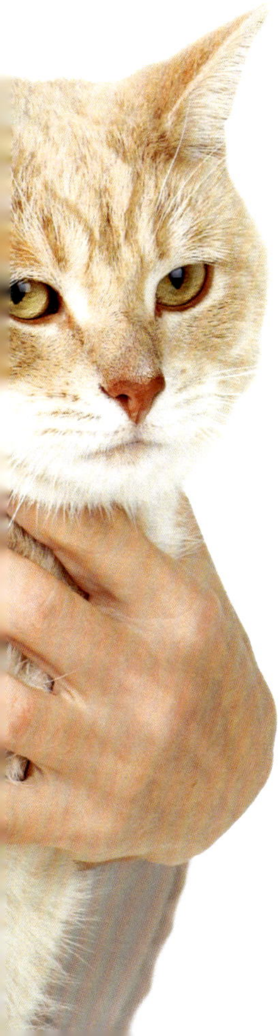

Los veterinarios son doctores de animales. Ellos les hacen sus **chequeos médicos**.

Ellos ayudan a los animales que están enfermos o heridos.

Muchos veterinarios trabajan en un consultorio o en un hospital para animales. Otros trabajan en zoológicos o acuarios.

Algunos ayudan a los animales salvajes.

Los veterinarios de animales grandes van a las granjas. Allá les hacen sus chequeos médicos.

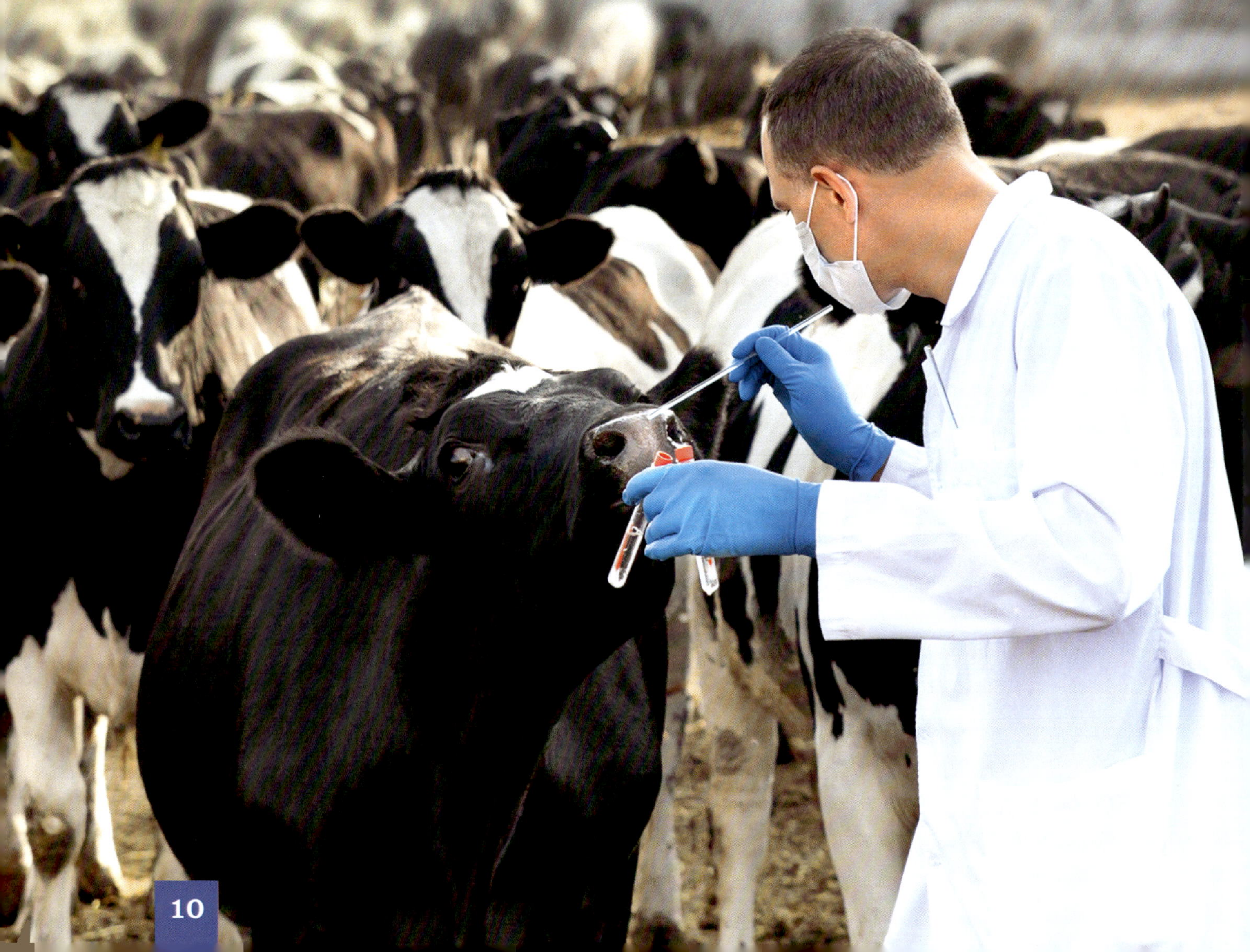

Ellos pueden ayudar a nacer a los animales de las granjas.

Los veterinarios les ponen inyecciones a los animales. Ellos revisan sus dientes y sus encías. Ellos les hacen pruebas médicas.

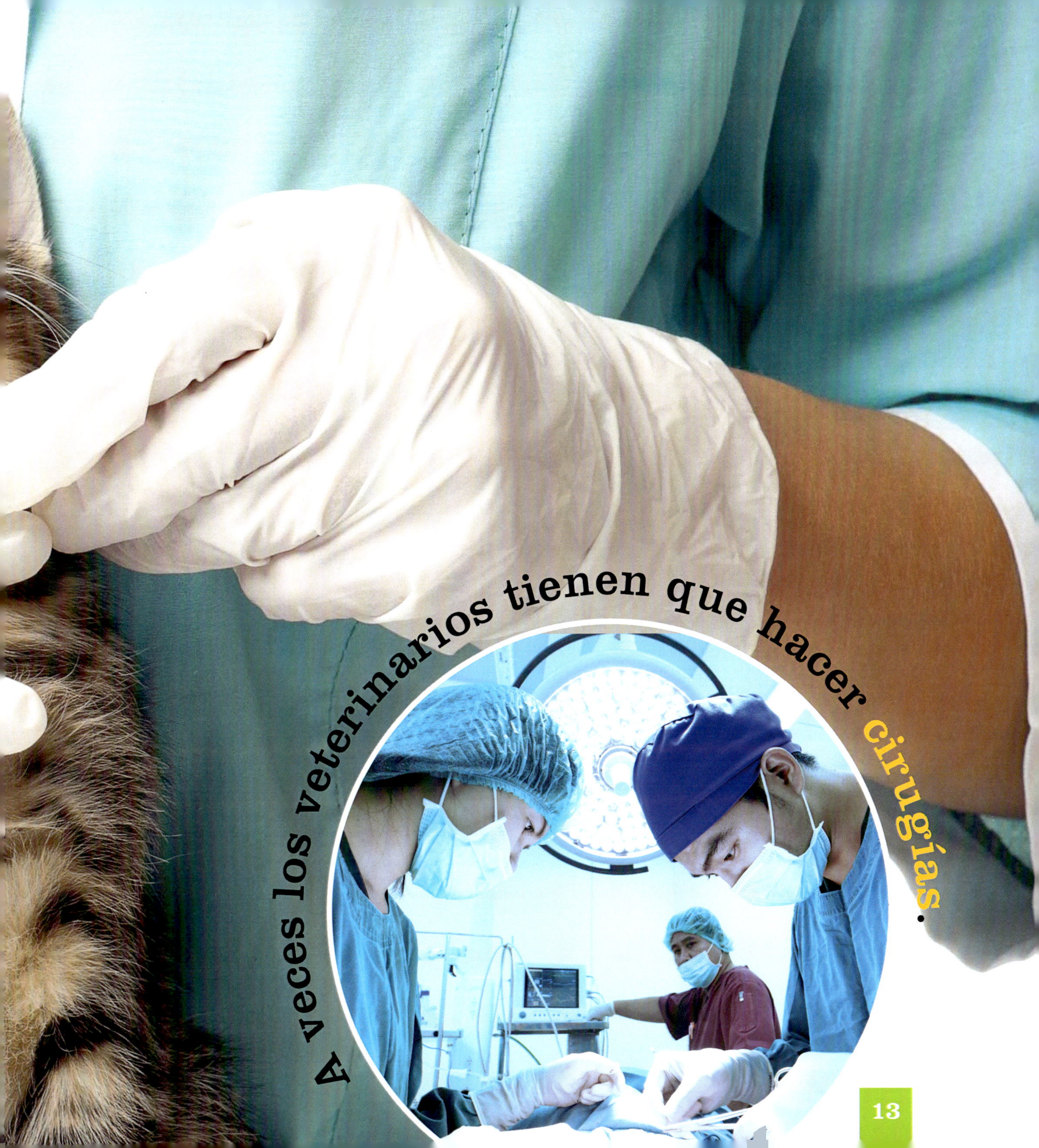

A veces los veterinarios tienen que hacer **cirugías**.

Los veterinarios contestan las preguntas de los dueños. Ellos enseñan cómo se debe cuidar a las mascotas.

Los veterinarios ayudan a toda clase de animales. Ellos mantienen la salud de los animales de su comunidad.

¡Adiós, veterinarios!

Imágenes de un veterinario

conejo
dueña de una mascota

Palabras que debes saber

chequeos médicos: exámenes para asegurarse de que una persona o animal está saludable

cirugías: procedimientos que usan instrumentos médicos para cortar adentro del cuerpo

Índice